# CROQUIS D'APRÈS NATURE

## Notes

sur

## Quelques artistes contemporains

PAR

## PHILIPPE BURTY

Deuxième série.

(Extrait de la *Revue rétrospective* de 1892.)

PARIS

AUX BUREAUX DE LA *REVUE RÉTROSPECTIVE*

55, RUE DE RIVOLI, 55

1893

CROQUIS D'APRÈS NATURE

IMPRIMERIE E. CAPIOMONT ET Cⁱᵉ

PARIS
4, RUE DES POITEVINS, 4
(Ancien Hôtel de Thou)

# CROQUIS D'APRÈS NATURE

## Notes

sur

## Quelques artistes contemporains

par

## PHILIPPE BURTY

**Deuxième série.**

(Extrait de la *Revue rétrospective* de 1893.)

PARIS

AUX BUREAUX DE LA *REVUE RÉTROSPECTIVE*

55, RUE DE RIVOLI, 55

1893

# CROQUIS D'APRÈS NATURE

NOTES SUR QUELQUES ARTISTES CONTEMPORAINS

PAR

## PHILIPPE BURTY

*Deuxième série.*

---

L'accueil fait par les lecteurs de la *Revue rétrospective*, aux notes extraites des dossiers de Burty (voir tome XVII, p. 289) m'a encouragé à y pratiquer de nouvelles fouilles. Bien que cette seconde série soit moins importante que la première, on ne lira pas, je pense, sans intérêt ce que Burty avait écrit ou recueilli sur Decamps, Daumier, A.-J. Lorentz et Aimé de Lemud.

Ces documents qui n'ont, pas plus que les premiers, aucun lien entre eux, n'exigent pas un bien long commentaire. Il est bon, toutefois, de rappeler en quelques mots l'origine de chacun d'eux.

Burty avait, au début de sa carrière, préparé et même annoncé sur Decamps un grand travail qui n'a pas vu le jour. Le catalogue de l'œuvre devait être précédé d'une étude biographique pour laquelle Burty s'était adressé à la famille, aux amis et à un compagnon de voyage du grand peintre. Il avait aussi relevé son acte de naissance et noté, sous la dictée de Dauzats ou de Jadin, des préceptes techniques auxquels Decamps avait donné la forme des commandements de l'Église. Aux souvenirs écrits sous la dictée de madame Decamps, on trouvera jointes deux lettres, l'une d'un ami de la famille, adressée à une personne tierce, l'autre émanant de M. L. de Joannis, ancien officier de marine et graveur lui-même dans les loisirs forcés de la retraite. L'anecdote sur Marilhat, que renferme cette lettre, est particulièrement typique et confirme ce que l'on savait de cet esprit inquiet dont la fin fut si tragique.

La note sur Daumier n'apprend aujourd'hui rien de bien nouveau, mais elle est curieuse par sa date. En 1862, le grand artiste ne trouvait pas cinquante francs de ses aquarelles dont les prix ont depuis décuplé.

C'est en vue d'une notice destinée à l'*Age du romantisme* que Burty était allé, accompagné de l'éditeur, « interwiever » le vieux Lorentz. Ce memento, d'une écriture de plus en plus hâtive et fiévreuse, est tout ce qui subsiste aujourd'hui de ce projet.

Les lettres d'Aimé de Lemud ne sont guère moins rares que ses œuvres[1]. L'artiste avait mis de très bonne heure en pratique l'*Odi profanum vulgus*, et s'était retiré du combat bien avant la fin du jour. Ce qu'il dit lui-même de ses études et de ses débuts n'en semblera, je l'espère, que plus précieux aux admirateurs de *Maître Wolframb* et du *Retour en France.*

M. Tx.

# VII

## *Decamps.*

### A. — EXTRAIT DE NAISSANCE[2]

*18 Ventôse an II, 4 mars 1803.* — Naissance du 3 mars.

*Préfecture du département de la Seine.*

*Extrait du registre des actes de naissance du troisième arrondissement de la Ville de Paris.*

Du treizième jour du mois de ventôse de l'an onze de la République française, acte de naissance

---

1. On me pardonnera de rappeler que j'ai publié, dans l'*Intermédiaire* de 1887, col. 187, une lettre de Lemud adressée à mon père et datant de leur commune jeunesse.

2. Cet acte n'avait pas été recueilli par M. Harduin dans les registres, aujourd'hui détruits, qui ont fourni à MM. Piot et Herbuison les éléments de deux publications concurrentes sur l'état civil des artistes français.

de Alexandre-Gabriel Decamps, né le jour-d'hui, à une heure de relevée, rue du Croissant, numéro huit, division de Brutus, fils de Pierre-Augustin Decamps, profession de rentier, et de Edmée Jérôme, son épouse, demeurant à Paris, même maison mariés en l'an huit, au deuxième arrondissement de Paris. Le sexe de l'enfant a été reconnu être masculin.

Premier témoin, Jean-Baptiste-Gabriel Gaujac, profession de négociant, demeurant à Paris, rue Neuve-Égalité, numéro deux cent quatre-vingt neuf, âgé de quarante-six ans.

Second témoin, Anne-Catherine-Marie Compagnon, profession chez son père (*sic*), demeurant rue de la Lune, numéro cent cinquante sept, âgé de vingt et un ans, sur la réquisition à nous faite par le père de l'enfant qui a signé avec les témoins, et ont signé :

COMPAGNON, GAUJAC, DECAMPS.

Constaté suivant la loi, par moi adjoint du troisième arrondissement municipal de la ville de Paris, département de la Seine, faisant les fonctions d'officier public de l'état civil, soussigné.

(*Signé :*) SALMON.

B. — NOTES INTIMES

25 novembre 1862.

(Quelques jours après ma longue visite à madame Decamps).

Le père de Decamps était marchand de pierres fines et de monnaie.

La mère de Decamps était petite, rude de caractère, vivant avec un morceau de pain. Il y avait trois fils : l'un, le raisonnable, qui est mort jeune, Alexandre Decamps qui a écrit dans la *Revue républicaine* de 1834, le *National*, et Gabriel Decamps. Il y avait peu de fortune dans la famille. A la mort de la mère, elle a laissé environ 100 000 francs, dans lesquels figurait la maison de la rue Saint-Denis, qui n'était que de peu de valeur. La mère était peu aimable pour Decamps qui l'aimait beaucoup, et a fait d'elle un portrait au crayon, plus que nature, de profil, tourné vers la gauche, d'un style sauvage, l'œil profondément enchâssé, le nez busqué. Elle le forçait à travailler et l'a aidé pendant son voyage en Italie.

Decamps avait un singe qui s'appelait Jacques. Après sa mort, il en fait mouler la tête (Dumas[1]).

Decamps adorait la chasse et était fort adroit.

Decamps avait, à Fontainebleau, deux chevaux, et sortait toujours en forêt, accompagné de sa femme.

Decamps a soupçonné qu'il avait été empoisonné. Un jour d'été, en 18.., il était dans son atelier ; il faisait au moins 30 degrés. Sa femme était en ce moment à Agen. Il fut pris d'un si violent étourdissement, pendant son travail, qu'il fut

---

1. Allusion au *Capitaine Pamphile*, où sont contés avec tant de verve les hauts faits de Jacques I$^{er}$ et de Jacques II.

obligé de s'asseoir et perdit presque connaissance. Dès ce moment, il ne se remit plus. Il cessa même de travailler. Pour lui faire terminer les tableaux de sa vente, Jadin était obligé de l'encourager de la voix, comme un chien qu'on flatte, et Decamps disait, en achevant un tableau : « Tu vois bien que je ne peux pas, ma main tremble comme une feuille. »

C'est à ce moment qu'il s'enferma deux jours dans son atelier, et qu'il brûla ses carnets de voyage, ses livres de notes, ses études, ses croquis et un nombre si considérable de tableaux et de panneaux plus ou moins achevés, que, le lendemain, Jadin recueillit dans son poële une masse de couleurs coagulées et carbonisées pesant plus d'une livre.

Il avait horreur de sa peinture. En vain madame Decamps voulait qu'il ouvrit un atelier. Il répondait toujours : « On ne fait pas d'élèves. » Il partit alors à Agen, se reposa longuement en faisant terrasser, planter, embellir son aride propriété. Le courage lui revint peu à peu.

Il fit, pendant ce séjour, les deux tableaux de gardeurs de porcs : celui inachevé de sa vente, et celui du baron Michel de Trétaigne, et aussi les singes pâtissiers et les singes charcutiers de M. J. Fau.

Il avait la rage de faire des vers, des fables, et il y mettait certainement une certaine coquetterie, car madame Decamps a retrouvé ces écrits soigneusement rangés et étiquetés dans son secrétaire. Il y en a une dirigée, je crois, contre des

voisins, avec lesquels il était mal, et intitulée :
*Le loir et le rat.* Il exécrait les visites et recevait
très rudement les visiteurs curieux.

Decamps aimait beaucoup « la peinture ». Toute
œuvre peinte, si naïve, si médiocre qu'elle soit,
l'attirait et l'attachait longuement. Il allait toujours aux Salons, regardait avec soin tout ce qu'il
pouvait, et y trouvait toujours quelque chose à
louer, tout au moins dans l'intention. On était
souvent quelquefois (*sic*) très surpris de l'entendre
s'écrier, devant une croûte : « C'est que c'est très
très bien, cela ! » En regardant après lui, on
arrivait, avec bien de la bonne volonté, à dis-
cerner un coin, un trait heureux, ou au moins
sincère.

Il ne parlait jamais de Delacroix, et ce silence,
chez lui, impliquait certainement un blâme ou
bien peu de sympathie.

Il estimait par-dessus tout M. Ingres. L'année,
où M. Ingres avait fait une exposition de ses
œuvres au boulevart Bonne-Nouvelle, il y condui-
sit sa femme. Devant le premier tableau qu'il lui
montra, elle lui demanda, en plaisantant, si c'était
l'œuvre d'un artiste chinois. Decamps se mordit
les lèvres, changea de conversation et, peu après,
l'emmena en voiture au Luxembourg. Là, il la
mena droit devant le portrait de Cherubini :
« Comment trouves-tu cela ? — Admirable ! — A
la bonne heure ! Tu vois bien que M. Ingres est un
grand peintre ! » Et il paraissait triomphant de sa
ruse.

M. Niel[1] m'a raconté qu'il voyait souvent Decamps dans un café où, par parenthèse, Decamps était toujours battu au billard. Un jour, le maître de l'établissement vient lui demander, en toute humilité, de monter dans sa chambre pour y voir la peinture de son fils, et lui donner son avis. Decamps monte avec M. Niel et trouve rangées sur des chaises six abominables croûtes prétendant être des paysages. Il paraît que ça dépassait la vraisemblance.

Decamps s'assied, les prend l'une après l'autre, passe plus d'une demi-heure à les examiner avec la plus scrupuleuse attention, et donne au père tout ému, pour son fils, des conseils très sérieux.

M. Niel croyait presque à une charge, et lui demande, en descendant, ce qu'il a pu voir là-dedans : « Eh mon Dieu ! lui répond très gravement Decamps, après tout, c'est de la peinture ! »

Après M. Ingres, celui qu'il estimait le plus, c'était M. Barye.

Il avait reçu peu d'éducation, et l'avait faite lui-même par ses lectures et surtout par ses réflexions.

Je ne sais en quelle année sa femme le poussa à se présenter à l'Académie. Il grogna, refusa, fit des scènes et, finalement, se mit en route. Mais il ne fit qu'une visite, à M. Couder, son voisin de campagne, à Fontainebleau, je pense.

---

1. P.-J.-G. Niel (1803-1872), l'un des plus fins connaisseurs de ce temps.

La brochure de Silvestre l'a fort peu ému[1]. Il plaisantait sa femme quand elle entrait en fureur, et reprochait seulement à Silvestre d'avoir passé plusieurs heures près de lui, dans son atelier, et d'avoir fait de lui un portrait physique si peu ressemblant. A ce moment, il n'était point du tout voûté.

Madame Decamps possède un petit dessin qui représente deux enfants soulevant avec précaution un panier renversé, pour y saisir un papillon qui voltige déjà sur eux dans l'air libre. C'était une allégorie qu'il destinait à l'album de la duchesse d'Orléans. Il avait peint un petit tableau qu'il a détruit dans la scène de 185...

Decamps ne finissait guère que les tableaux qui lui plaisaient. Une fois interrompue, une composition traînait le nez contre le mur et courait grand risque de n'être jamais terminée. Ce fut le sort du grand carton de *Josué* qui figurait à la vente posthume. A ce second *Josué* se rattache une anecdote importante qui m'a été racontée par M. Petit.

A sa première vente figurait le grand *Josué*, et il y avait joint une première idée de cette composition, au fusain. La veille de la vente, on fit remarquer à Petit qu'il avait eu tort de les mettre l'une et l'autre sous le même numéro, et il fut convenu, que ces deux morceaux seraient séparés.

---

1. La notice de l'*Histoire des artistes vivants* consacrée à Decamps est, en effet, d'une malveillance et d'une injustice notoires.

En mettant sur la table le grand carton, Petit oublie d'avertir qu'il en distrait l'esquisse. M. Maison pousse et, lorsqu'on le lui adjuge à 5 300 francs, réclame l'esquisse. Embarras de Petit, cris dans l'assistance. La commissaire-priseur consulté juge en faveur du marquis Maison. Mais des amis courent chez Decamps, lui exagèrent encore l'épisode, et Decamps, furieux, jure de payer le marquis de la même monnaie en faisant une répétition.

Cette répétition fut en effet commencée, mais l'inspiration ne l'échauffait plus. Il la quitta, la reprit à plusieurs reprises, et finit par si bien s'en dégoûter, qu'en vain madame Decamps ouvrait la boîte qui contenait l'esquisse, la posait sur le chevalet, préparait les crayons et la boîte à pastel, elle ne put jamais obtenir qu'il la terminât.

C. — Extrait d'une lettre de M... a Madame...

Chère madame,

Voici les renseignements qui m'ont été donnés par mon père. Ils n'ajoutent pas beaucoup à ce que vous savez déjà. Les souvenirs s'effacent si vite !

Parmi les souvenirs d'Antoine-Pierre-Étienne Jérôme, cousin germain de Decamps, j'ai recueilli ce qui suit :

M. Decamps père est né à Hendicourt, en Picardie (il faudrait chercher ce village sur la carte).

Il trafiquait sur les métaux précieux ; il était changeur, mais sans avoir boutique comme les changeurs d'aujourd'hui. Il habitait rue du Croissant, n° 6 ou 12, un appartement au deuxième sur la cour, dans une maison appartenant à M. Lejeune.

C'est dans cette maison, rue du Croissant, que Decamps est né.

M. Decamps père était grand amateur de tableaux et en avait une collection.

Il possédait, à Belleville, une très petite maison de campagne avec un jardin de quelques pieds carrés. C'est là que, le dimanche, il offrait une gibelotte à sa famille et à ses amis.

A quelle époque acheta-t-il la maison du faubourg Saint-Denis? On pourrait le savoir en consultant les titres de propriété.

Il était déjà assez âgé lorsqu'il épousa, en secondes noces, mademoiselle Jérôme.

Il est mort des suites d'un accident : un jour, à sa maison de campagne, en montant à une échelle, il tomba, et se cassa une côte. Il en fut malade assez longtemps, et mourut des suites de cette chute, rue du Croissant, à l'âge de 70 ou 72 ans, en 1812. Il fut enterré à Belleville.

Decamps et ses frères allaient à l'école rue du Mail, chez un maître d'école nommé Guilleminot. Madame Guilleminot tenait la classe où l'on épelait, et son mari présidait à la classe supérieure. (J'ai, moi aussi, appris à lire à cette école, et Decamps m'a parlé quelquefois du père Guilleminot.) La rue du Mail n'est pas éloignée de la rue du Croissant.

Je ne sais en quelle année madame Decamps alla demeurer dans sa maison de la rue du faubourg Saint-Denis. Ce fut après la mort de son mari.

Madame veuve Decamps passait les étés à Thorigny, à trois lieues de Sens, où son frère M. Jérôme père avait une belle propriété. Madame Decamps possédait une petite maison à Thorigny ; elle l'habitait pendant la belle saison, avec une bonne.

Decamps, dans sa jeunesse, allait souvent à Thorigny. Il y exerçait son goût pour la peinture et pour la chasse. Il s'amusait, dans les champs, à faire poser les enfants du village, et, quand son oncle Jérôme le voyait partir avec un fusil sur l'épaule et un cahier de croquis dans son carnier, il lui disait : « Tu vas tuer le temps et croquer le marmot ! »

Voilà tout ce que j'ai pu recueillir ; c'est bien peu. On désirerait davantage.

Si Decamps, avec sa verve et l'esprit original qu'il tenait de la nature, avait écrit ses mémoires, les désirs de ses amis auraient été comblés. Si on pouvait retrouver toute sa correspondance, surtout celle de sa jeunesse, on y puiserait peut-être des renseignements curieux et précieux. Mais où est-elle ?

A défaut de mémoires, à défaut de lettres, que reste-t-il même de la plus longue vie ? Presque

rien. Decamps, un jour, disait à sa vieille mère :
« Toute ta vie, ma chère mère, doit te sembler
bien longue ! — Non, mon fils, tout mon passé
me semble tenir dans le creux de ma main. Je me
figure que c'est hier que je quittais Vinneuf[1] ».

Si les amis de Descamps, si ceux qui ont vécu
en intimité avec lui, avaient noté ses conversations
surtout quand il parlait d'art, de peinture, avec
une netteté si pénétrante, on aurait pu faire un
recueil de pensées, de préceptes, bien utile aux
artistes, si tant est que, de nos jours, les artistes,
même naissants, daignent écouter autre chose que
leur propre *génie*...

### D. — Noté de M. L. de Joannis[2]

La Cailletrie, commune de la Meignonie,
décembre 1862.

Après que les flottes combinées de Russie, de
France et d'Angleterre eurent réduit à néant la
flotte turque à Navarin, le gouvernement français
voulut perpétuer le souvenir de cette sanglante
journée en en faisant faire un magnifique tableau.

Comme, pendant ce combat qui eut lieu, comme
on sait, à l'ancre, il y avait beaucoup d'embarca-
tions dehors, les unes qui portaient des embos-

---

1. Vinneuf, village à 24 kil. de Sens, où naquit madame
Decamps.
2. Cette longue note avait été annoncée à Burty par une
autre lettre de M. de Joannis, qui ne renferme aucune des
particularités mentionnées ici.

sures, les autres qui retiraient des bâtimens dé-
semparés du combat, d'autres, chez les Turcs,
fuyaient chargées de monde, puis beaucoup de
Turcs qui s'étaient jettés à la mer pour se sauver.
on jugea que deux peintres seraient nécessaires,
l'un qui ferait la marine (ce fut Garneray), l'autre
qui ferait les personnages (ce fut Decamps).

Mais arrivés sur les lieux, les deux peintres
virent qu'il y aurait beaucoup de difficultés à travailler deux à la même toile : Decamps céda la
place à Garneray, qui resta seul chargé de faire le
tableau.

Nous le laisserons faire son travail pour ne plus
parler que de Decamps. Nous pouvons toutefois
remarquer que, dès cette époque, en 1828, Decamps s'était déjà fait une réputation d'excellent
peintre de personnages, puisqu'il avait été choisi
entre tant d'autres pour travailler à une page
historique.

Quel était le nom du bâtiment qui apporta de
France à Navarin, Garneray et Decamps ? Je l'ai
sçu, mais je ne me le rappelle plus précisément. Je
crois que c'est la *Lamproie*, gabarre faisant le ser-
vice des vivres de l'escadre du Levant, dont je
faisais partie alors. Du reste, il serait facile de
retrouver le nom de ce bâtiment en allant aux
informations. Je vais écrire à Toulon pour le
savoir au juste.

Arrivés à Navarin, et Decamps étant décidé à
laisser faire le tableau à Garneray, il continua le
voyage avec la gabarre qui se rendait à Smyrne

pour y déposer ses vivres à bord des bâtiments qui en auraient besoin, Smyrne étant le centre de la station où se tenait l'amiral qui alors était l'amiral de Rigny montant la frégate de 64, la *Sirène*.

Quand Decamps arriva à Smyrne, la *Pomone*, que je montais alors, était absente; nous étions en mission à Hydra, Spetzia et Athènes.

Sitôt à Smyrne, comme vous le pensez bien, Decamps arpenta le terrain, son œil artiste et sa tête de génie dévoraient toute cette nouvelle nature ! Les mœurs et le costume turcs lui plurent surtout singulièrement — quand je dis « lui plurent », je veux dire qu'ils fournissaient à son imagination des types qui lui promettaient de charmants sujets de tableaux. Mais l'on se tromperait si l'on croyait que Decamps dessinait beaucoup.

Dehors, il s'arrêtait un moment, tirait son carnet et croquait des détails ou des ensembles, mais n'arrêtait rien. C'est rentré chez lui qu'il faisait ses meilleurs dessins. Le costume tunisien que je possède a été dessiné à bord de la *Pomone*.

Decamps avait une faculté merveilleuse pour saisir jusque dans ses détails la scène qui se passait sous ses yeux, et, chose digne de son génie, il ne retenait, dans la pose et dans les actes, que ce qu'il y avait de beau, de gracieux ou de comique. Tout cela se gravait dans sa mémoire à tel point qu'il le jettait ensuite sur le papier bien plus vite, bien plus sûrement et bien plus poétiquement qu'il ne l'eût fait s'il avait copié quelque chose.

Et il avait le sentiment de cette faculté merveilleuse. Aussi, quand on lui demandait pourquoi il ne finissait pas : « Je ferai ça chez moi » disait-il. Et il se trouvait que ce qu'il avait fait chez lui était infiniment plus beau, plus fort, plus noble que ce qu'on avait vu : « Tiens, disait-on, en voyant tel de ses dessins, c'est ce Turc que nous avons vu l'autre jour. » Oui, c'était lui ; il y en avait assez pour le reconnaître, mais son génie avait ôté tout ce qu'il y avait de défectueux dans l'original, pour ne laisser subsister que le beau.

Decamps disait souvent qu'il n'avait jamais copié un pouce carré de peinture, et moi j'oserais affirmer qu'il n'a jamais copié aucune nature.

Son voyage en Orient a donc été, pour Decamps, une révélation artistique et, son génie s'en emparant, il a fait tout ce que vous savez.

Ayant assisté au sortir de l'école d'enfants turcs à Smyrne, il a fait son tableau de l'*École turque*, mais je puis assurer que tous ses personnages sont sortis de sa tête, non pas totalement, si vous voulez, mais en très grande partie. Smyrne était, du reste, un lieu parfait pour fournir à Decamps tout ce qu'il pouvait désirer en fait de scènes et de costumes turcs : le délicieux pont et le charmant café du pont des caravanes était un champ de bataille où il avait de quoi s'escrimer et voir. C'est effectivement par ce pont qu'arrivent toutes les caravanes de l'Asie Mineure, caravanes qui arrivent avec leurs longues files de chameaux et leurs personnages si variés.

C'était aussi dans le quartier turc à Smyrne qu'il a vu les scènes de cafés, dans les bazars qu'il a vu les Turcs endormis, etc., etc. Les sujets sont en foule. Mais je le répète, il ne se mettait pas là sur les lieux à dessiner, il faisait *des Souvenirs*, si je puis m'exprimer ainsi, puis il rentrait chez lui, l'œil et la tête pleins de souvenirs et de poésie.

On a pu, du reste, juger de la merveilleuse faculté de Decamps dans ses dessins sur la *Vie de Samson*. Rien que la lecture de la Bible a suffi pour tout créer dans sa tête, et, au costume près, qu'il n'a pas pu voir, comme le costume à Smyrne, on peut dire que ses dessins de *Samson* sont un poème plein de vérité.

Quant aux dessins que Decamps avait faits sur les lieux, il ne les montrait pas, il disait toujours que ce n'était pas fini ; franchement je vous avouerai que j'ai vu là-dedans la crainte soit qu'on lui demande quelque dessin, soit la crainte d'être pillé, soit enfin la crainte qu'on retrouve dans ses tableaux tel ou tel croquis qu'on avait vu.

Marilhat était de même : à moins de le prendre sur le fait, il s'en allait seul pour dessiner, et il ne montrait pas ce qu'il avait fait, par le même sentiment, je pense.

Decamps estimait Marilhat comme le premier dessinateur de Paris « et je ne m'excepte pas », me disait-il. Il me pria de lui faire faire connaissance avec lui, à mon arrivée avec le *Luxor*. Je ne demandai pas mieux, et les invitai tous les deux à déjeuner, mais Marilhat ne vint pas. A un mois de là, je rencontrai Marilhat, et lui fis encore une nouvelle invitation, lui disant que, cette fois-là, je n'admettrais plus d'excuse. Il me dit qu'il me promettait. J'invitai encore Decamps, mais Marilhat ne parut pas plus que la première fois.

Le lendemain, je fus chez lui pour voir s'il était malade. Je le trouvai qui travaillait. En me voyant, il vint me faire mille excuses, et enfin il me dit : « Tenez, il faut que je vous parle franchement : j'ai été jusqu'à moitié chemin, et je m'en suis revenu. — Et pourquoi ? lui dis-je. — Parce que, me dit-il, je ne veux pas connaître Decamps ; cet homme-là me fait peur ; il y a de la glu à son genre, et j'ai peur de m'y prendre, je préfère rester ce que je suis ».

Je lui dis que je comprenais sa pensée, mais qu'enfin, pour manger un bifteck ensemble, on ne se prend pas à la glu : « Oh ! me dit-il, je sais bien comment ça va. Si nous nous connaissons, nous irons nous voir, et me voilà pris ! »

En quittant Marilhat, je n'eus rien de plus pressé que d'aller conter à Decamps la cause de l'absence de Marilhat : « Ah ! dit Decamps, c'est cela ? Eh bien, moi, je prétends que sa peur n'est pas fondée et que son genre est trop entier pour qu'il ne dévie jamais. »

Ça ne manqua pas : Decamps me demanda l'adresse de Marilhat ; je la lui donnai, et il s'y rendit aussitôt. Il sonne à son atelier. Marilhat va ouvrir lui-même. Il voit un inconnu et lui demande ce qu'il désire. Decamps lui dit alors :

« Monsieur, je m'appelle Decamps et, puisque vous craignez de me connaître, je viens moi-même faire votre connaissance. J'espère bien que vous ne refuserez pas de me recevoir ». Marilhat, naturellement, se confondit en excuses, et ils se donnèrent la poignée de main.

« Tenez, lui dit Decamps, soyez tranquille ; quand nous serons morts, soyez sûr qu'on ne confondra jamais nos tableaux. L'homme et sa nature se reflètent dans ses œuvres. Or, nous n'avons pas la même nature. »

Malgré cela, ils se virent peu ; Marilhat craignait toujours la glu.

Je ne sais lequel il y avait plus de plaisir à voir dessiner, de Decamps ou de Marilhat.

Je disais quelquefois à Marilhat, en le voyant crayonner ses dessins avec une sûreté sans pareille : « Il faut, mon cher, que vous ayez devant les yeux une chambre claire invisible. » Ses dessins étaient de vrais tableaux, et d'une justesse incroyable. Jamais il ne se repassait, tout était jeté du premier coup, et se trouvait à l'effet, comme par enchantement.

Chez Decamps, on découvrait plus de gêne, il crayonnait, cherchait la pose qu'il voyait dans sa tête, et y arrivait. Il faisait ce que Boileau dit pour l'art du versificateur :

> Vingt fois sur le métier remettez votre ouvrage,
> Polissez-le sans cesse et le repolissez,
> Ajoutez quelquefois, et souvent effacez.

J'ai vu sous mes yeux des tableaux se transformer ; il était encore le lendemain à chercher un personnage déjà peint la veille. Ce n'est pas que Decamps ne pût pas jetter du premier coup, quand il voulait ; si, certainement, mais pour ses tableaux, il cherchait beaucoup et, comme il sentait parfaitement juste, il arrivait à faire très bien.

Personne ne limait plus ses fables que La Fontaine ; aussi en a-t-il fait un chef-d'œuvre hors ligne.

Decamps avait une admiration enthousiaste pour Léopold Robert. Il m'a avoué que, la première fois qu'on a exposé son tableau des *Moissonneurs*, à Versailles, je crois, il y était allé, et qu'à son retour, la fièvre l'avait pris et lui avait duré trois jours. Il avait trouvé là une beauté qu'il désespérait d'atteindre ; du moins c'est ainsi que j'ai interprété cette confession de sa part, qui m'a toujours paru touchante.

De Smyrne, Descamps vint à Milo, lieu où l'on prend et l'on quitte le pilote grec de l'archipel. Il y avait également touché en se rendant à Smyrne, mais, à Milo, il n'y avait vu que quelques rares palikares sales et déguenillés qui ne l'auront pas flatté. Aussi voit-on qu'il n'a pas ou pu faire (*sic*) le costume grec si élégant et si semblable à l'antique costume. Mais, à Smyrne, il a pu voir s'étaler cette vie sensuelle des Turcs, ce costume si varié et qui se prêtait si bien à son genre de génie, qui côtoyait souvent la charge, et c'est là ce qui l'a le plus frappé, le plus attaché....

L. DE JOANNIS.

E. — LES DIX COMMANDEMENTS DE D. C.

La ligne tu observeras
Et la rendras exactement.

Au profil tu t'attacheras
Pour dessiner plus largement.

De l'œil parfois tu cligneras
Afin de voir plus clairement.

Père Ingres tu honoreras,
Car c'est un maître, assurément.

Tes couleurs tu étaleras
Avec la brosse également.

Et ta toile tu couvriras
Comme un volet pareillement.

Ta palette tu nettoieras,
Celle du maître mêmement.

Le poêle aussi tu bourreras
Pour travailler plus chaudement.

De temps en temps tu fumeras,
Mais un vingtième seulement.

Tes pinceaux point ne suceras
Afin de vivre longuement.


# VI

## *Daumier*

*10 décembre 1862.* — Je suis allé avec Steinheil passer la soirée chez Geoffroy le sculpteur[1],
qui demeure 13, quai d'Anjou, dans la maison

---

1. Adolphe-Victor Geoffroy-Dechaume (1816-1892).

où est l'atelier de Daubigny. Les deux ateliers sont porte à porte.

Il m'a fait voir un bas-relief en cire et un bas-relief de terre cuite de Daumier, exécutés il y a quelques années. Le sujet est le même, traité avec quelque variante. C'est une sorte de départ, de fuite de personnages nus emportant sur leurs épaules, sur leur tête, sur la hanche, des paquets volumineux ou pesants. Ils sont de la plus belle tournure. Les têtes sont massées comme des antiques. Les dos sont particulièrement d'une anatomie superbe [1].

Daumier a, dans le temps, modelé les têtes des pairs de France. Les maquettes sont, je pense, chez Philipon.

Il y a quelques années, il a encore modelé un *badinguetiste*, mais je crois qu'il l'a depuis recouvert d'autres attributs.

Daumier est, en ce moment, dans une gêne cruelle. Il y avait, chez Geoffroy, une dizaine de ses dessins qu'il vend 50 francs et qu'il exécute à la plume, légèrement rehaussés de teintes plates, n'ayant plus ni lithographies, ni bois à faire. Les journaux ne veulent plus rien de lui. Le *Chari-vari* n'a point renouvelé son traité. Le *Monde illustré* ne continuera pas ses séries : « Ses bois,

---

[1]. L'ébauche en plâtre de ce bas-relief a été reproduite par l'héliogravure dans le livre de M. Arsène Alexandre : *Honoré Daumier, l'homme et l'œuvre*, Paris, H. Laurens, 1888, gr. in-8°.

me disait Champfleury, provoquent le désabonnement ».

Parmi les dessins qui étaient chez Geoffroy, j'ai
été frappé par un intérieur de bureau d'omnibus
acheté par Steinheil : il y a une vieille femme
assise d'un grand caractère et pas du tout caricature ; des joueurs de dominos ; des bustes d'hommes qui fuient, effrayés comme s'il pleuvait des
coups de canne ; et surtout *l'Accusation* : un
procureur impérial, maigre, bilieux, acharné
contre un malheureux accusé qui baisse la tête.
Rien n'égale la vivacité du mouvement du magistrat. On sent un duel à mort. Et la *Défense*, un
vieil avocat redondant, comédien, levant vers le
ciel un doigt qui n'est point convaincu.

Enfin une aquarelle : trois vieilles femmes causant debout, à la lueur d'une chandelle, écoutant
avec des expressions diverses d'effroi, d'incrédulité, de confiance stupide, l'histoire que raconte
l'une d'elles. C'est d'un haut grotesque.


# IX

## *Lorentz*

*29 mars 1887.* — Nous sommes allés, ce matin,
chez Lorentz, 4, passage des Eaux, à Passy.

C'est une bande étroite qui part du quai de
Passy et qui monte à la rue Raynouard, entre un
mur de jardin usé et à gauche, une ferme, une
plâtrerie.

Tout en haut, près de la grille, le numéro 4 est une petite maison de petit employé, avec devant une petite cour-jardin. La portière, aimable, me répond que c'est bien là que demeure M. Lorentz, et qu'elle va le prévenir.

Nous montons un escalier misérable et, sur le palier, un homme assez grand, fort, robuste, à grosses moustaches, la barbe grise pas très longue, avec un chapeau de truand rabattu sur le front ; en dessous, dans l'ombre, deux grands yeux et une grosse tache noire à côté du nez, en haut de la joue.

Il nous fait entrer et nous offre de nous asseoir sur un divan brun et passé, le seul siège rembourré de la pièce, avec des grands fauteuils Louis XV. Au-dessus, dans deux cadres longs des études à l'huile de soldats, de tambours de l'armée de 1830, des têtes à barbes qui me semblent des types d'Anglais.

Tout autour, mille objets accrochés, couverts de poussière, des moulages de mains, de pieds, et des épées à poignées oxydées, des shakos et des morceaux d'uniformes brodés, et des bois piqués sur des planches avec des punaises. Des cartons. Une armoire vide. Une porte vitrée qui donne sur quelque pièce obscure. Une cheminée entretenue avec des briquettes percées. En face de chaque fenêtre, une table, sur l'une desquelles il semble écrire, et sur l'autre peindre à plat un type de vieille femme.

Dans le milieu, en angle droit, et prenant presque toute la place, une table lourde sur laquelle repose un fouillis de feuilles de papier, de livres, de pinceaux, d'instruments indistincts.

Enfin, dans la cheminée devant laquelle nous nous asseyons, un pot de fer battu, une passoire, une soupière, une cuiller.

Il nous demande ce que nous lui voulons. Monnier me présente, se présente.

Alors Lorentz nous dit qu'il est pauvre, bien pauvre, que sa vie s'est dépensée pour faire triompher la justice, qu'il a de très lourdes charges… ; qu'il n'a pas de mémoire, mais qu'il cherchera à reconstituer ses souvenirs ; qu'il doit avoir quelques autographes, entre autres une lettre amicale de madame Sand, si bonne, si aimable, qu'il cherche à retrouver les autres : « Je n'ai point de mémoire. Par exemple, je puis composer cent vers, *currente calamo*, et sans avoir peut-être à en corriger deux, mais je ne m'en rappelle pas un seul ».

Il s'anime alors. Sa voix est claire, pas du tout celle d'un homme de son âge, et il scande ce qu'il dit de larges gestes.

Il a travaillé pour les éditeurs. Tous se sont mal conduits avec lui, surtout Philipon. Et les journaux, à quoi servent-ils ? Il a envoyé au *Figaro* l'histoire de la connaissance du rôle de Fieschi, qui est due à lui. Le *Figaro* ne l'a point imprimée.

Voici l'histoire qui est vraiment drôle : Lorentz reçoit de l'éditeur Caboche (place de la Bourse), la commande d'un portrait de l'assassin. Il a l'idée d'aller prendre des renseignements chez le marchand de vins qui occupe le bas de la maison. Celui-ci, à qui il offre de trinquer, remarque qu'il n'est pas un trinqueur vulgaire, lui trace sur une feuille de papier le profil de M. Girard [1]. Lorentz le débrouille sous ses yeux. Le lendemain, le portrait supposable paraît : « Vois, lui dit Préault au passage, combien la théorie de Lavater est juste ! Avait-il une tête d'assassin, ce Girard ! Et vois-tu ici la bosse des combinaisons ! etc. — Puisque tu pars si bien, lui répond Lorentz, tu me permettra bien de partir d'un éclat de rire ».

Le lendemain, le portrait est reproduit à l'envers par le *Constitutionnel*, et Caboche fait un procès : « Notre portrait, dit le *Constitutionnel*, est d'après nature. Il appartient à la publicité. — Ne vous basez pas là-dessus, va dire Lorentz au *Constitutionnel*; il est d'après un récit de marchand de vins ». Cela arrête le procès, et Caboche reçoit une indemnité. Il avait payé 80 francs le croquis qui, du reste, servit à établir l'identité de Girard avec Fieschi.

Ajoutons que Daumier se tira d'affaire avec plus de fantaisie. Il fit un Fieschi blessé, un

---

1. Nom sous lequel Fieschi, lors de son arrestation, chercha pendant quelques jours à tromper la police.

bandeau sur le front, un autre bandeau sur la
ganache. Le nez seul apparaissait, et les yeux, des
yeux farouches d'assassin [1].

Lorentz nous explique qu'il poursuit un noble
but : faire rentrer la France dans sa vraie forme
de gouvernement « comme un melon sur sa
couche ». Il ne s'arrêtera que quand il aura
triomphé.

Nous lui demandons à le quitter pour aller
déjeuner. Il nous dit, non sans dignité : « Moi,
j'ignore ces choses-là. Je mange debout. »

Il est en travers de la porte. Monnier finit
par se glisser entre lui et la porte, met la main
sur le bouton : « Messieurs, quand vous êtes
entrés, et que vous vous êtes déclarés l'un homme
de lettres, l'autre marchand, je vous méprisais
pour vos professions. Mais je m'associe à votre
but qui est d'éclairer la vérité, et je vous aiderai
dans votre enquête. Je vais rassembler mes souvenirs ».

Il nous conseille de consulter un marchand
bouquiniste nommé Laporte. Il nous fait voir un
petit sujet romantique modelé par Châtillon, très
élégant : deux femmes enlacées se terminant en
chimère.

Enfin nous partons, curieux et un peu émus.

---

1. Daumier a dessiné non pas un, mais deux portraits de
Fieschi, l'un dans son lit, la tête enveloppée de bandelettes,
l'autre debout, d'après un croquis pris sans doute à la Cour
des Pairs.

Monnier lui prendra quelques dessins, et j'espère ranimer en lui quelque charbon de l'ancien brasier qui fit fumer l'encens romantique.


# X

## *Aimé de Lemud*

Pont-à-Mousson, 11 avril 63.

Je suis fort touché, Monsieur, de l'attention avec laquelle vous vous occupez de mes œuvres, et j'ai trop le souvenir des travestissements critiques par lesquels j'ai déjà passé pour me plaindre de vos questions. Voici tout ce que je puis répondre. Je les prends une à une :

1° Les figures qui s'interposent entre Beethoven et l'orchestre [1], comme vous le dit le prospectus, expriment en général les divers sentiments qui ont déterminé le caractère des œuvres de ce grand musicien, mais elles ne s'appliquent à aucune d'elles en particulier, ni à aucun fait biographique. A gauche, l'Enthousiasme et l'Amour passant rapidement comme de brillantes oppositions. A droite, le Désespoir et la Douleur s'immobilisant dans l'ombre. Au centre, la transition entre ces extrêmes.

---

1. Planche intitulée *Beethoven*, publiée en 1863 par Goupil, n° 32 du *Catalogue de l'œuvre lithographié et gravé de A. de Lemud*, par Aglaüs Bouvenne, Paris, Baur, 1881, in-8°.

2° La lithographie des chasseurs d'Afrique est de mon frère Ferdinand de Lemud, capitaine à Saint-Cyr. Il a encore fait des eaux-fortes, des croquis, de petits tableaux, le tout inédit. Il n'a publié qu'un très petit nombre de vignettes pour un ouvrage d'histoire de Lavallée[1], et pour une byble (*sic*) dont j'ignore l'éditeur.

3° Le cadre (?) de 1838 contient : *Les Coupeurs de bourse* (lithographie inédite imprimée à 25 exemplaires chez Aubert[2]) ; trois lithographies du journal *L'Artiste* : *l'Écharpe*, *les Moines*, *le Fou*[3], et deux croquis à la plume sans importance.

4° *L'Artiste* de 1840 est inexact. Voici, du reste, l'histoire abrégée de mes études : de 1820 à 1830, leçons de dessins à Pont-à-Mousson, chez un homme obscur, mais très intelligent, nommé Boucher, élève de Girodet et classique absolu. En 1831, cours de dessin de M. Nau, au collège de Metz, comme interne. De 1831 à 1836, comme externe au même collège. Continuation de mes classes littéraires et mathématiques en dehors desquelles peu de loisirs et *aucun* maître d'art. Seulement je passais toutes mes heures de liberté à lire, à

---

1. *Histoire de la Maison royale de Saint-Cyr* (1853, in-8 ; 2ᵉ éd. 1862, in-8), pour laquelle M. F. de Lemud a dessiné deux planches : *Dames et demoiselles de Saint-Cyr* et une *Vue de la maison de Saint-Louis de Saint-Cyr*. Il a également collaboré aux *Fastes de la Garde nationale de France* d'Alboize et Elie (1849, grand in-8).

2. Non citée par M. Bouvenne.

3. Nᵒˢ 2, 3 et 7 du catalogue Bouvenne.

regarder des gravures, à étudier quelques plâtres antiques, à faire des compositions et des portraits de camarades, à la plume, au crayon, ou en lithographie.

En 1837, à vingt ans, je vins à Paris, libre alors de m'occuper exclusivement d'art, mais avec l'habitude prise de travailler seul et d'exécuter immédiatement mes compositions sans autres fond d'études préalables que des principes, des théories et des idées ; cherchant le procédé matériel au fur et à mesure de mes besoins.

Quant à Maréchal, je suis devenu son ami dès l'âge de dix-huit ans. Il a certainement exercé sur mes débuts une grande influence, mais je ne suis pas plus son élève que celui de Marilhat, de Decamps, Gigoux et beaucoup d'autres que j'ai connus intimement à Paris. Si l'on veut que je sois l'élève de quelqu'un, je le suis de MM. Boucher et Nau et de tous les artistes passés et présents, par un travail continu de comparaison entre la nature et ce qui s'est produit de plus remarquable en peinture, sculpture, architecture, littérature, science, etc.

Ce qui m'a fait ce que je suis, c'est ma famille, ma fortune et mon organisation personnelle qui m'ont engrêné forcément dans la voie exclusive de l'étude sans maître, et des publications. Né dans d'autres conditions, j'aurais commencé par être rapin et serais aujourd'hui peut-être plus riche, plus décoré et membre de l'Institut. Ce sont là des hasards de la destinée dont je m'occupe peu. Dans huit jours, je serai absorbé par l'enfantement d'une nouvelle gravure.

Voilà de bien longs détails à propos d'une question à laquelle j'aurais pu répondre par un simple *non*. Mais je compte sur votre tact pour les interpréter dans leur vrai sens, et n'en servir au public que ce qui peut l'intéresser.

Croyez bien, Monsieur, à mes sentiments les plus distingués.

A. DE LEMUD.

Burty était, sans nul doute, revenu à la charge quelques jours plus tard, car, dans une lettre cédée par lui à M. Fillon, et appartenant aujourd'hui à M. Jules Le Petit, Lemud lui écrivait, le 22 avril 1863 : « Je ne suis Allemand d'aucun côté : mes familles paternelle et maternelle sont françaises depuis des siècles, sans alliances étrangères. Il est vrai que je suis né près de la frontière de Prusse, à Thionville, en 1816. Mon père y était alors receveur des finances ; mais Thionville est bien en France. »

Hélas ! huit ans plus tard, Lemud dut, comme tant d'autres, opter pour sa véritable patrie.

IMPRIMERIE E. CAPIOMONT ET Cⁱᵉ

PARIS
6, RUE DES POITEVINS, 6
(Ancien Hôtel de Thou)